CERCLES FINANCIERS

PROJET D'UNE

INSTITUTION GÉNÉRALE DE CRÉDIT

EN FRANCE

PAR LÉON TODROS

PARIS

IMPRIMERIE CENTRALE DE NAPOLÉON CHAIX ET Cie

RUE BERGÈRE, 20

1849

CERCLES FINANCIERS

PROJET D'UNE

INSTITUTION GÉNÉRALE DE CRÉDIT

EN FRANCE.

Le travail est le seul moyen digne et efficace pour procurer du bien-être aux citoyens les moins fortunés, et assurer ainsi la prospérité générale du pays.

Les efforts de tous les hommes de cœur, de tous les honnêtes gens doivent tendre à fournir un aliment constant au travail national, à le faciliter par tous les moyens possibles et à le rendre fécond.

Le capital est indispensable au travail. Il en fournit les instruments et la matière, et se compose de plusieurs éléments, tels que l'intelligence, la force et l'adresse des travailleurs, la terre à cultiver, la matière à façonner, le numéraire et enfin le crédit.

Les éléments du capital qui résident en la personne des travailleurs, peuvent être développés par le Gouvernement au moyen d'institutions d'éducation publique et professionnelle.

Les autres éléments, de leur nature transmissibles et échangeables, font souvent défaut aux travailleurs.

Les rendre accessibles au plus grand nombre de citoyens, est le but qu'on doit se proposer.

Mais pour arriver à cette fin, il se présente de nombreuses difficultés qu'on n'est pas encore parvenu à surmonter.

Beaucoup de systèmes se sont fait jour depuis quel-

Aussi plusieurs parmi les innovateurs ont compris que leurs projets n'avaient pas de chance d'être adoptés. Ils les ont modifiés pour les rendre acceptables. Et pour rassurer les esprits alarmés, ils ont annoncé qu'ils ne voulaient pas empiéter sur les droits acquis; qu'ils ne voulaient pas enlever aux citoyens les fruits de leurs travaux ou de leurs épargnes.

Il existe une partie du capital qui n'est la propriété de personne, et qui peut appartenir à tout le monde. Cette partie du capital, c'est le crédit. D'après eux, l'État peut s'en emparer; et, par une orgauisation intelligente, il peut en faire une bonne répartition entre tous les travailleurs.

Le crédit est en effet un capital d'autant plus considérable, qu'il représente toutes les richesses et en multiplie la valeur. Il forme à lui seul la partie la plus importante du capital, car il n'a point de limites déterminées. Il peut s'étendre indéfiniment et servir de monnaie courante, échangeable contre toute espèce de richesse matérielle.

Certes, un tel levier peut avoir une puissance immense. Sagement et savamment employé, il peut aplanir bien des difficultés et rendre de bien grands services à l'humanité.

Il importe donc de se rendre un compte exact de ce que c'est que le crédit; d'où il prend sa base; comment il peut s'agrandir et s'étendre, et quelles sont les causes qui peuvent le faire amoindrir ou disparaître.

Le crédit, ainsi que l'indique le mot, n'est autre chose que la croyance, la persuasion chez le créancier que le débiteur peut s'acquitter de la dette contractée.

L'action de prêter s'appelle ordinairement faire un crédit, c'est-à-dire faire acte de confiance.

Pour inspirer cette confiance, il faut que le débiteur ait en son pouvoir la libre disposition de la somme promise ou de l'objet promis.

Cette simple définition prouve que le crédit s'applique à toutes les richesses existantes. Il les représente toutes et en augmente même la valeur; car il ajoute au prix des choses existantes, celui des choses qui n'existent pas encore, et qui ne sont que les fruits attendus du capital et du travail réunis.

Lorsque la population d'un pays est paisible, laborieuse, intelligente, active, le crédit grandit et s'exalte, car alors on prévoit que la somme de travail, unie au capital, produira des richesses nouvelles. Par contre, si le travail diminue ou cesse, le crédit s'arrête dans sa progression. Cette partie du capital qui déjà précomptait des richesses futures, réduite à ne représenter que la valeur inerte du capital non suffisamment fécondé par le travail, s'amoindrit tellement, qu'elle semble disparaître.

C'est que le crédit n'est pas moins un effet qu'une cause du travail.

On appelle crédit privé le crédit qui s'applique aux individus; et crédit public, celui de l'État. Le crédit privé se subdivise en crédit mobilier et en crédit immobilier ou foncier. Le premier a pour gage la loyauté, l'intelligence, l'activité de l'individu et la richesse mobilière qu'il possède. L'autre tient compte plus spécialement de la valeur vénale de l'immeuble affecté en garantie.

Mais quelle que soit la nature du crédit, il n'a, à vrai dire, qu'une seule et même base : la confiance du créancier.

La confiance doit être spontanée. Elle disparaît si on cherche à lui faire violence. Aussi, quels que soient les moyens ingénieux qu'on imagine pour la rendre fixe et constante, on échoue sûrement, si on ne s'appuie pas sur ce qui en fait le fondement.

Le crédit, qu'il soit privé ou public, se fonde sur la volonté et la possibilité du débiteur d'exécuter fidèlement et loyalement les conditions du contrat intervenu entre lui et le créancier.

Pour que le débiteur puisse s'acquitter, il faut qu'il possède ou qu'il lui soit facile de se procurer la somme ou l'objet emprunté.

Le crédit privé proprement dit, ou individuel, est basé sur la certitude que le débiteur peut, par son travail, se procurer les moyens qui lui manquent encore pour acquitter sa dette. Le crédit privé peut, plus que tout autre, se développer et s'agrandir à l'ombre des lois protectrices de la propriété ; car l'intelligence humaine n'a point de limites déterminées, et le travail des hommes peut produire de grandes richesses nouvelles.

Le crédit foncier s'appuie plus particulièrement sur la valeur vénale des immeubles qui le garantissent. La La sévérité des formes dont les crédits hypothécaires sont entourés donne aux qualités personnelles de l'emprunteur une importance tout à fait secondaire. Ces formes et les frais qu'elles entraînent, nuisent souvent au développement du crédit foncier. Des changements considérables vont être prochainement accomplis sur le régime hypothécaire. Le crédit foncier en acquerra une nouvelle importance et influera d'une manière très-heureuse sur les transactions privées.

Quant au crédit public, on s'imagine à tort qu'il puisse avoir la même élasticité que le crédit individuel ou foncier. Le crédit de l'État est circonscrit par les moyens que l'État possède de s'acquitter de la dette que le pays contracte. Les revenus annuels, fournis par les impositions directes et indirectes, sont le gage des créanciers. Encore faut-il déduire préalablement les dépenses nécessitées par les services publics.

On feint de croire que l'État peut, sans inconvénient, accroître ses revenus en pesant d'un poids plus lourd sur les contribuables. C'est une erreur. Les revenus publics d'un pays ont une limite naturelle qu'il n'est pas aisé de franchir. En aggravant les impositions plus qu'il n'est convenable de le faire, on tarit les sources de la production. On aurait tort de penser qu'en augmentant la quotité des impôts, on augmenterait proportionnellement leurs produits. L'expérience démontre que le produit des impôts ne suit point la progression de leur quotité.

Il n'est donc pas inutile de répéter que les revenus de l'État ont une limite qu'on ne peut pas facilement franchir. Le crédit public, qui a pour base les revenus de l'État, ne pourrait pas recevoir un développement supérieur au développement de sa base.

Ceux qui s'imaginent que le crédit de l'Etat peut se substituer au crédit privé, pensent naturellement que le gouvernement du pays peut cumuler en ses mains, et par son propre crédit, toutes les richesses existantes, ou la plupart au moins, alors qu'il ne peut emprunter qu'en raison de ce qu'il peut rendre, et que l'État ne peut s'endetter au-delà de ce que peuvent produire les revenus des impôts publics. Il ne faut pas se méprendre sur la portée de ce raisonnement et en conclure qu'il est faux, parce que la France a une dette publique de cinq milliards environ, lorsque ses revenus annuels ne se montent qu'à 15 ou 1,600 millions. Il ne faut pas perdre de vue que la dette de l'État ne consiste que dans les arrérages qu'il s'est obligé de payer, et dans l'amortissement annuel. Entendue ainsi, la dette publique est réellement fondée sur le crédit de l'État. Elle peut même s'accroître encore sans inconvénient, mais dans des limites restreintes.

Le crédit privé qui sert de base aux transactions et au travail national de la France, peut être évalué sans exagération à 20 milliards par an au moins. Ces 20 milliards aident à une production annuelle généralement calculée à la somme de 3 milliards.

Comment l'État pourrait-il substituer son propre crédit au crédit privé, sans anéantir la production, à cause de l'insuffisance des moyens qu'il pourrait fournir ?

Pour que l'État emprunte, il faut qu'il trouve des prêteurs. Les capitaux qu'on donne au gouvernement sont retirés des emplois particuliers où ils était préalablement occupés. En supposant que l'État les fasse servir immédiatement, sans solution de continuité, aux besoins du commerce, de l'industrie et de l'agriculture, la masse des capitaux nécessaires aux travailleurs ne serait point augmentée. Il n'y aurait qu'un intermédiaire de plus. Cet intermédiaire serait l'État.

Mais on se flatte que le gouvernement du pays saurait, mieux que les particuliers, répartir les capitaux nécessaires aux travailleurs.

Les besoins du commerce, de l'industrie et de l'agriculture sont multiples et variés. Le Gouvernement ne pourrait les connaître que par les rapports de ses agents, répandus sur toute la surface du pays. Ces agents devraient avoir des connaissances spéciales sur chaque genre d'industrie. Le nombre des agents nécessaires serait immense, en raison de la multiplicité des besoins à satisfaire. Les frais que l'entretien de ces nombreux agents entraînerait seraient très-considérables, et constitueraient une grande perte pour le trésor public.

D'ailleurs, déléguerait-on à ces agents des pouvoirs étendus, ou bien seraient-ils obligés de suivre, pour chaque cas particulier, les instructions du pouvoir central, Dans le premier cas, n'y aurait-il pas à craindre des appréciations erronées et fausses des besoins à satisfaire? de coupables préférences, un gaspillage enfin des deniers publics? Dans le second cas, ne voit-on pas à quel engrenage compliqué, à quelles lenteurs seraient soumises les demandes de concours de la part des travailleurs? L'efficacité de ce concours ne serait-elle pas détruite par les nombreuses et longues démarches préalables qu'il faudrait faire avant de l'obtenir?

L'État ne peut donc pas amasser la somme de capitaux nécessaires pour satisfaire tous les besoins du commerce, de l'industrie et de l'agriculture.

En eût-il les moyens, il lui serait impossible d'en faire une juste, utile et sage répartition.

Prévoyant ces objections, on dit d'avance qu'il ne s'agit pas de supprimer l'action du crédit privé ; que les transactions particulières continueront d'avoir lieu comme par le passé, et que le concours de l'État ne doit servir qu'à compléter les bienfaits du crédit privé.

L'État se trouverait ainsi dans de mauvaises conditions. Obligé, d'une part, à payer un intérêt annuel des sommes qu'il emprunterait, de l'autre, à faire des frais considérables que l'établissement de nombreux agents entraînerait, l'État, disons-nous, ne pourrait fournir des capitaux qu'à un taux d'intérêt plus lourd que celui des capitalistes particuliers.

Tout individu offrant des garanties sérieuses trouverait plus avantageux de se servir du crédit privé plutôt que de recourir au crédit de l'État. Par contre, tout individu incapable serait à la charge du gouvernement.

Une telle conception serait absurde, et enlèverait au crédit public toute sa puissance.

L'État ne doit donc pas intervenir dans les transactions privées.

Faudra-t-il laisser à l'initiative individuelle, isolée, le soin de pourvoir de capitaux suffisants le travail national ? L'expérience du passé prouve que si l'action individuelle est suffisante en temps de prospérité générale, elle devient impuissante en temps de crise.

Lorsque la paix publique est altérée par des causes soit nationales, soit étrangères ; lorsqu'un manque de récolte à l'intérieur, ou le succès d'industries rivales à l'étranger vient apporter une perturbation dans la marche des transactions privées ; lorsqu'enfin l'excès même de la confiance publique a engendré de funestes mécomptes, une terreur panique s'empare de tous les esprits. Personne ne se reconnaît la puissance de résister à l'entraînement général. Chacun est amené par les circonstances, souvent malgré lui, à amoindrir ou à retirer les crédits dont il était naguère libéral. Il se produit alors des crises dont tout le monde souffre, et particulièrement les individus dont les modestes travaux ne leur ontpoint permis de mettre des épargnes de côté.

Dans ces moments funestes à tous, on feint de croire que les possesseurs du capital s'en montrent avares dans le but coupable de nuire aux travailleurs. Cette supposition aussi absurde qu'odieuse est le fruit de l'ignorance et de la méchanceté. Quand des circonstances accidentelles annulent le crédit, les sources en sont taries pour tout le monde. Ceux qui en étaient les distributeurs s'en trouvent dépourvus eux-mêmes.

On s'évertue alors pour deviner où sont cachés les capitaux qui font défaut au commerce, à l'industrie et à l'agriculture, et on ne songe point que ce n'est pas l'argent, mais le crédit qui fait défaut, c'est-à-dire la partie la plus importante du capital et la plus efficace. Le numéraire seul est toujours insuffisant par lui-même. Il ne se cache pas en temps de crise; mais faute de crédit, il ne change pas de main.

C'est donc au crédit qu'il faut donner la stabilité qui lui manque, car de lui seul dépendent le travail et la sûreté des transactions de toute espèce.

Le crédit individuel, isolé, est impuissant à arrêter une crise. On n'arrête pas un torrent avec quelques cailloux. Pour opposer une digue suffisante au courant, il faut amonceler beaucoup de matériaux.

De même pour que le crédit ne soit pas emporté par le tourbillon d'une crise, il faut lui donner la consistance qui lui manque.

Les banques publiques, dont les opérations dans les circonstances normales servent à développer le crédit privé et à faciliter les transactions des particuliers, trouvent en temps de crise, dans leur propre intérêt et dans l'intérêt public, des raisons pour se dévouer et opposer une ferme résistance à l'entraînement général. Mais elles sont quelquefois victimes de leur propre dévouement ; car leur action reste souvent isolée, tandis que le concours simultané de toutes les volontés, de tous les dévouements, pourrait seul arrêter l'entraînement des citoyens qui se précipitent à l'envi dans une retraite funeste à tous.

Le dévouement des soldats défenseurs de la patrie serait stérile, si chacun d'eux devait agir isolément d'après ses propres inspirations, et n'écouter que les dangereux conseils de son courage. Pour rendre efficace l'action de tous et de chacun, il faut une direction commune et intelligente, qui réunisse ou partage savamment les forces, qui assigne le rôle de chacun, pour que tous puissent concourir à la victoire qu'il s'agit de remporter.

L'intégrité du crédit importe tellement à la prospérité générale du pays, qu'il faut employer pour la défendre tous les dévouements les réunir, les diriger vers le but commun, et puiser dans leur union la force pour parer à toutes les éventualités.

On fait appel à tous les hommes valides pour la défense matérielle de la patrie. Pour la défense du crédit, source de travail et de bonheur public, il faut convier tous les citoyens qui peuvent apporter leur contingent de crédit.

Que les capitalistes, les rentiers, les propriétaires, les négociants, les fabricants, les artistes, et même les ouvriers, qui tous donnent et reçoivent tour à tour du crédit, soient appelés à concourir à la fondation d'un établissement national d'intérêt public, d'un établissement dont les larges bases assurent l'existence du crédit et du travail qui en est la conséquence.

Le service qu'ils rendront ainsi au pays tournera à leur profit, non-seulement comme à des citoyens qui jouissent du bonheur de la patrie, mais comme à des hommes qui peuvent directement et personnellement tirer avantage de l'institution nouvelle qu'il s'agit de fonder ; car la fixité qu'on donne ainsi au crédit assurera la valeur des richesses que chacun d'eux possède, et facilitera les moyens de les augmenter.

Ce ne sont pas seulement des capitaux qu'il faut que chacun d'eux apporte à l'œuvre commune ; c'est son concours personnel, le concours de sa volonté, de son intelligence, de son activité, enfin le concours de tout ce qui constitue et fixe le crédit.

Les premières conditions d'une institution générale de crédit sont la liberté et la spontanéité de ses opérations. La liberté lui laisse la faculté de ménager les sources du crédit dont elle dispose ; la spontanéité lui permet de satisfaire aux différents besoins qui peuvent surgir, et de se plier aux nécessités des circonstances.

Mais ces deux conditions ne suffisent pas au but qu'il s'agit d'atteindre. Il faut que la nouvelle institution puisse venir en aide au plus grand nombre de citoyens ; que sa bonne influence se fasse également sentir dans les villes et dans les campagnes, pour les besoins du commerce et de l'industrie comme pour ceux de l'agriculture. Il faut que ses bienfaits puissent s'étendre sur tous les points du pays, et enlever ainsi l'inégalité qui existe entre les grands centres de populations, où les capitaux sont faciles et à bon marché, et les endroits où les capitaux n'arrivent que difficilement et chèrement. Il faut que ses frais soient réduits au point de n'être pas une charge pour le public, ni pour l'institution elle-même. Il faut enlever à l'institution les formalités administratives lentes et difficiles pour que les secours à porter au commerce, à l'industrie et à l'agriculture soient efficaces par leur promptitude. Il faut enfin que tout individu ait près de lui à sa portée les secours dont il peut avoir besoin, et que le crédit soit facilement accessible à tout le monde.

Il est indispensable de centraliser aux mains d'une administration générale les forces vives de l'institution, pour cumuler la plus grande masse possible de crédit ; mais pour l'utile et prompte répartition de ce crédit, le centre ne peut agir que par ses rayons.

Le centre, c'est-à-dire l'administration, doit répartir la puissance de son crédit entre différents autres petits centres, d'un rayonnement moins étendu. Ceux-ci doivent répandre autour d'eux, dans le public, la somme de crédit qu'ils reçoivent de l'administration.

Pour l'avantage du pays tout entier, il ne faut point que la puissance de l'institution qu'il s'agit de fonder soit bornée par des limites fixées d'avance, quant à son capital et à sa durée. Il suffit de déterminer un minimum tant pour l'un que pour l'autre.

Il faut que la nouvelle institution n'ait point pour objet de déplacer ou remplacer rien de ce qui existe. La nature de ses opérations, déterminée d'avance, ne doit pas empiéter sur celles d'aucun autre établissement public ou privé. Son action doit se borner à prêter une nouvelle force au crédit privé et à en généraliser l'accès.

Pour que la nouvelle institution de crédit soit une source inépuisable où tout citoyen puisse trouver les capitaux nécessaires à ses travaux, il faut que son capital de garantie soit aussi considérable que possible. Ce capital devra être fourni par tous les citoyens aisés, qui sauront comprendre qu'en aidant à la prospérité du pays, ils accompliront une œuvre éminemment philanthropique, dont les effets tourneront à leur avantage personnel; car en assurant à tout individu les moyens de travail, ils assurent en même temps la tranquillité publique. Le capital de garantie, fixé au minimum à 50 millions de francs, pourra, en France, être porté plus tard et peu à peu à 500 millions, si tous les citoyens en état d'y contribuer en comprennent les avantages. Lorsque l'institution pourra ainsi cumuler dans ses mains un capital considérable, son crédit se multipliera à l'infini, car la sagesse de ses opérations inspirera une confiance illimitée. Elle deviendra un centre vers lequel convergeront tous les capitaux flottants et inoccupés. La cumulation de ces capitaux en ses mains, lui donnera la puissance nécessaire pour venir en aide efficacement au travail national. On aura ainsi fait un grand pas vers la solution du problème humanitaire qui intéresse les meilleurs esprits, et dont tout le monde se préoccupe.

Mais la cumulation de capitaux considérables n'est que la moitié de la besogne qu'il s'agit d'accomplir. La difficulté du problème à résoudre est ailleurs. Elle est toute dans la manière de répartir ces capitaux plus généralement et plus utilement qu'on ne l'a fait jusqu'à présent, afin qu'un plus grand nombre de citoyens puissent en profiter et améliorer les conditions de leur existence.

Chargera-t-on l'Administration de l'établissement à créer, du soin de déterminer d'avance les cas où il peut y avoir lieu de fournir les capitaux nécessaires aux travailleurs, et les cas où il faudrait les refuser? Mais l'Administration ne pourrait faire ces règlements qu'en classant les individus ou les professions. Si dans ce classement elle se montrait libérale, on risquerait de rencontrer dès le début de cruels et funestes mécomptes. Si, par contre, les règlements étaient rigides et exclusifs, le nouvel établissement n'apporterait aucun soulagement à l'état de choses actuel. L'initiative des prêts à faire au commerce, à l'industrie et à l'agriculture, doit être laissée à chacun des membres de la Société nouvelle. Ainsi chaque membre ne doit pas seulement concourir par ses fonds à former le capital social; mais, pour la part qui le concerne, il doit en diriger l'emploi. Pour éviter de la part des membres de la Société les cas d'imprudence ou de légèreté dangereuse, il faut que chacun d'eux soit responsable de ses propres actes. Cette responsabilité, cependant, serait illusoire, si on ne pouvait pas, par un contrôle efficace, arrêter les imprudences et en prévenir le retour. Evidemment ce contrôle actif, vigilant, de tous les instants, ne pourrait pas être exercé directement par l'administration, si les membres de la Société se multipliaient sur toute la surface du pays. Cette surveillance salutaire devra être confiée à d'autres membres de la Société habitant la même ville ou le même arrondissement. Elle ne doit pas être lourde et impérieuse. Ce sont des conseils et des avertissements fraternels que les membres de la Société ont à recevoir, autant dans leur propre intérêt que dans l'intérêt de l'institution elle-même. Aussi chaque membre choisira lui-même d'avance, dès la constitution de la Société, les collègues auxquels il consent à déférer le soin d'apprécier ses opérations. C'est ainsi que s'établiront des petits cercles d'amis se connaissant bien et s'estimant réciproquement. Ces petits cercles devant s'occuper journellement de questions financières, s'appelleront Cercles financiers. Le nouvel établissement portera le titre de *Société générale des Cercles financiers*.

Chaque Cercle sera composé de vingt membres, et la forme de sa constitution, ainsi que sa manière de procéder, sera déterminée par les statuts. Les vingt membres composant un Cercle devront tous avoir le même degré d'influence, tant auprès du Cercle lui-même qu'auprès de l'Administration centrale. Aussi chacun d'eux doit contribuer pour une égale part à la formation du capital social. La part contributive de chaque membre sera fixée à 25,000 fr. Par conséquent les Cercles composés de vingt membres apporteront à la Société une somme de 500,000 fr. chacun.

Les époques et le mode de versement seront déterminés par les statuts, ainsi que les emplois spéciaux du capital social. Ce qu'il importe surtout de fixer dans le présent exposé, c'est le rôle attribué aux membres, aux Cercles particuliers et à l'Administration.

Ainsi qu'il a été dit plus haut, les membres de la Société agissent librement et spontanément, soit pour consentir, soit pour refuser les prêts d'argent qui peuvent leur être demandés. Leurs opérations n'ont et ne doivent avoir qu'un caractère privé, indépendant de l'institution de crédit général, tant qu'elles sont concentrées entre l'emprunteur et le prêteur. Mais aussitôt que celui-ci désire renouveler dans sa caisse l'argent prêté, il soumettra à l'examen de son Cercle l'opération qu'il a faite, et dont il veut être soulagé. Le Cercle doit être libre de toute préoccupation et de toute considération personnelles, lorsqu'il examinera les conditions d'une affaire proposée. Il peut l'admettre ou la refuser. En l'admettant, il agit au nom de la Société générale des Cercles financiers.

L'approbation donnée par un Cercle particulier aux opérations d'un ou de plusieurs de ses membres, est pour l'administration de la Société un indice presque certain de l'utilité et de la sécurité que peuvent offrir les emplois d'argent dont il est question. Aussi l'appui de l'administration pour les affaires patronées par les Cercles, ne saurait presque jamais faire défaut; car une réunion de vingt individus honnêtes, également intéressés dans la Société, ne donnerait pas son approbation pour des opérations mauvaises, ni même douteuses. Cependant, l'Administration aura toujours la faculté de refuser les affaires proposées par les Cercles. Elle n'aura que très-rarement l'occasion d'user de cette faculté; toutefois elle doit la conserver pour éviter les dangers que l'insouciance ou l'esprit de localité et de coterie pourrait faire courir à la Société.

Ainsi qu'on l'a vu, le membre qui propose une affaire, et le Cercle qui l'appuie, engagent l'un et l'autre envers la Société leur propre responsabilité. Malgré cette double garantie de l'utilité et de la sécurité des emplois d'argent qu'on offre à l'administration de faire, il n'est pas inutile d'enlever le vague qui existe dans des appréciations morales, qui tantôt pourraient être empreintes d'un esprit trop libéral, tantôt trop restrictif. Il faut donner aux crédits que la Société fera, une raison d'être, indépendante des considérations personnelles et de la solvabilité plus ou moins grande des tiers emprunteurs, afin de ne point retomber dans l'ornière qu'on a voulu éviter, et ne faire crédit qu'aux riches. Il est donc indispensable que le remboursement de toute avance de fonds faite par la Société soit assurée par une garantie matérielle quelconque; que la garantie soit immobilière ou mobilière, qu'elle repose sur dépôt de marchandises brutes ou fabriquées, de valeurs de crédit public ou privé, de produits des travaux des hommes, ou du sol, peu importe.

L'appréciation de ces garanties est laissée aux Cercles particuliers ; l'Administration de la Société n'aura point à s'en préoccuper ; elle n'aura qu'à en constater l'existence suivant les indications que lui fourniront les Cercles mêmes.

Les Cercles, pour se rendre un compte exact de la valeur des garanties offertes, devront commettre un de leurs membres pour expertiser les gages dont il est question. Ce membre choisi par ses collègues, tant à cause de sa solvabilité personnelle, qu'à cause de ses connaissances spéciales, devra, après une expertise consciencieuse du gage, en garantir au Cercle par un aval, la valeur et la conservation. Il sera également autorisé d'avance par l'emprunteur à réaliser ce gage, soit à des conditions déterminées, soit au mieux.

Comme on le voit, la marche que devra suivre la nouvelle Société dans ses opérations est aussi prompte que possible. — En laissant à ses membres la responsabilité personnelle de leurs actes, elle peut s'affranchir des formalités administratives.

Le membre expert et répondant du gage peut en avoir la garde, si l'emprunteur y consent; devenu dépositaire, il doit répondre de son existence aussi bien à l'emprunteur qu'au Cercle financier, car le Cercle n'assume envers l'emprunteur aucune responsabilité relative à la conservation du gage.

Nous avons parlé jusqu'ici des rapports qui s'établiront entre les tiers emprunteurs et les membres de la Société, entre ces derniers et leurs collègues du même Cercle.—Mais il n'a point été question encore des rapports qui existeront entre les Cercles particuliers et l'Administration centrale de la Société. Et d'abord, il est indispensable de faire connaître comment sera formée l'administration.

Chaque Cercle particulier nommera un délégué, soit

parmi ses membres, soit étranger au Cercle. Le délégué devra être membre de la Société générale. Il doit être choisi de préférence parmi les chefs des principales maisons de banque ou de commerce de Paris. Il pourra également appartenir à la classe des principaux capitalistes propriétaires ou rentiers, résidant à Paris, et notoirement riche. Cette dernière condition n'est point inutile eu égard aux services que les délégués sont appelés à rendre à l'institution. La réunion de tous les délégués formera l'administration de la Société, et constituera un grand Cercle central. Les délégués mandataires des Cercles particuliers en sont les représentants auprès de l'administration. Ils garantissent personnellement, envers la Société générale, les opérations des Cercles particuliers qu'ils représentent, et peuvent à la fois représenter plusieurs Cercles. Ils sont les intermédiaires obligés pour toutes les communications, tant officielles qu'officieuses, entre l'administration et les Cercles dont ils sont les mandataires. C'est par leur entremise que devront avoir lieu tous les mouvements de fonds de l'administration aux Cercles et réciproquement. Ces mouvements de fonds auront lieu au risque et péril des délégués, que ces mouvements présentent bénéfice ou perte. En un mot, les délégués auront l'office de banquiers des Cercles dont ils sont les représentants. Ils auront avec eux un compte-courant, dont les intérêts réciproques seront calculés en raison de 5 0/0 l'an. Les délégués, en vertu de la garantie qu'ils donnent, auront droit à percevoir une commission de 1/4 0/0 pour toutes les opérations des Cercles qu'ils garantissent à la Société générale. Les Cercles se feront rembourser cette commission par leurs membres, et ces derniers par les emprunteurs.

L'administration centrale de la Société n'aura de rapports directs pour affaires qu'avec les délégués; ceux-ci correspondront avec les Cercles leurs commettants. Ces derniers ne pourront traiter d'aucune affaire avec des tiers, sans qu'un ou plusieurs de leurs membres n'en soient les intermédiaires personnellement obligés. Ainsi, par une filiation établie d'avance, toutes les opérations des membres de la Société convergeront vers l'administration comme à un centre commun, et en recevront l'appui qui leur est nécessaire.

Aucune avance de fonds ne doit point avoir une durée supérieure à trois mois. Le remboursement de ces avances sera assuré par les emprunteurs, au moyen d'obligations payables à Paris, au domicile de l'administration de la Société, à l'ordre des membres qui ont consenti les prêts. Les membres les passeront à l'ordre de leurs Cercles respectifs, ces derniers à l'ordre de leurs délégués, qui les céderont à leur tour à la Société générale. Le taux de l'escompte de ces obligations sera fixé mensuellement par l'administration, et uniformément pour tous les Cercles et tous les membres de la Société; il ne pourra pas être supérieur à 6 0/0 l'an. La couverture de ces obligations doit parvenir à l'administration par la même filière qu'a suivie leur remise; elle doit être faite avant l'échéance par les soins des emprunteurs principaux obligés, ou à leur défaut, par les membres détenteurs ou répondants des gages qui garantissent les avances de fonds. Les prêts dont l'échéance est prochaine pourront être renouvelés; en ce cas on suivra la même marche que pour des affaires nouvelles.

Ainsi que nous l'avons dit, le taux d'intérêt des avances de fonds est fixé par l'administration ; aucun membre ne pourra le dépasser sous peine d'amende. Cependant les membres actifs de la Société qui prendront l'initiative des opérations, en se mettant en rapport direct avec les emprunteurs, auront droit à percevoir à leur profit personnel une commission de 1/4 0/0. Également le membre responsable de la conservation, ainsi que de la valeur du gage, aura droit à une commission ; le taux en sera déterminé par le Cercle particulier dont il fait partie. Cette commission, en tout cas, ne pourra pas excéder le taux de 1/2 0/0 ; si le même membre réalise le gage conformément aux instructions de l'emprunteur, il aura droit à une nouvelle commission qui ne pourra pas être supérieure à 2 0/0 ; mais il n'aura droit à aucune nouvelle commission, si la vente du gage a lieu à l'échéance du prêt, contrairement aux instructions du propriétaire, et pour mettre à couvert la responsabilité qu'il a assumée envers le Cercle. En ce cas, il doit se tenir prêt à prouver que la vente a eu lieu au mieux des intérêts de l'emprunteur, ou à parfaire de ses deniers la différence qui sera prouvé résulter du prix de vente à la valeur réelle du gage.

Jusqu'à présent, nous n'avons parlé que du but qu'il s'agit d'atteindre, et du mécanisme intérieur qui doit servir à la transmission des capitaux dont l'administration centrale de la Société résume la puissance. Il nous reste à parler des voies et moyens pour la fréquente rénovation du capital de la Société.

Nous avons dit dès le commencement que la nouvelle institution de crédit doit posséder un capital de garantie aussi considérable que possible. Sa manière de procéder, indiquée par les détails qui précèdent, éloigne toute possibilité de perte. Ces deux données principales inspirent la certitude que le crédit de l'institution pourra s'agrandir indéfiniment, et servir ainsi à satisfaire tous les besoins financiers du pays.

La Société pourra donc puiser dans les ressources de son crédit, pour se procurer l'argent qui lui est nécessaire ; elle aura la faculté d'émettre des billets à échéance fixe et déterminée par elle, au fur et à mesure de ses besoins. Ces billets, faits à l'ordre des délégués, seront escomptés et payés comptant par ces derniers à la Société. Les délégués négocieront ensuite à leur convenance et pour leur propre compte ces billets.

L'administration ne pourra émettre des billets à ordre qu'en vertu d'une délibération régulièrement prise et constatée par procès-verbal. L'échéance des billets émis devra être réglée de manière qu'elle soit postérieure aux rentrées probables. Le taux auquel ils seront escomptés par les délégués devra toujours être de 1 0/0 au moins inférieur au taux auquel la Société elle-même escomptera les obligations des emprunteurs. La fixité de l'échéance des billets émis par la Société éloigne le danger que rencontrent les banques publiques, dont les opérations s'appuient sur l'émission de billets au porteur *à vue ;* car ces billets, pouvant être présentés à tout moment pour le remboursement, obligent les banques à garder en caisse une réserve de numéraire considérable pour parer aux éventualités de remboursements trop multipliés. Cette précaution, que toute banque publique est obligée d'avoir, ne suffit pas toujours à lui épargner la pénible nécesssité de suspendre temporairement le remboursement des billets, lorsque les porteurs, saisis d'une terreur panique, perdent momentanément la confiance qu'ils avaient naguère dans la valeur du papier-monnaie, et veulent le convertir en espèces. Ces terreurs sont souvent chimériques. Elles aggravent les crises, cependant, et font courir aux banques d'émission de véritables dangers. L'institution projetée n'aura point de pareils risques à redouter. Par conséquent elle sera affranchie de l'obligation d'entretenir une réserve onéreuse en numéraire, et de fixer une limitation déterminée à l'émission de ses billets. Elle pourra ainsi ne prendre conseil que de sa propre convenance et de l'intérêt public pour agrandir ou restreindre son émission, pour en allonger ou raccourcir les échéances; pour élever ou baisser le taux de leur escompte, pour déterminer enfin la quotité des appoints à émettre. On fera peut-être l'observation que les billets émis par l'institution nouvelle auraient un surcroît de frais à supporter s'ils étaient soumis au timbre. Il ne sera sans doute pas difficile d'obtenir du pouvoir législatif l'affranchissement de cette charge; car les billets que la Société émettra doivent se substituer aux obligations des emprunteurs, escomptées par le nouvel établissement, et déjà frappées de timbre.

L'Administration de la Société n'aura jamais à se préoccuper du soin de la négociation des billets qu'elle juge à propos d'émettre. Lorsque, par une délibération régulièrement prise, elle fixe le montant d'une émission de billets, ainsi que l'échéance, la somme fixée devra être partagée en autant de parties qu'il y a de cercles particuliers. Chaque délégué devra prendre pour son compte autant de parties de la nouvelle émission que de Cercles qu'il représente. — Les billets de la Société seront faits directement à l'ordre de chacun des délégués. On voit d'un coup d'œil que les délégués, membres de l'administration, auront un double rôle à remplir. — D'une part, ils doivent être le plus solide et plus constant appui de l'édifice de crédit qu'il s'agit de construire, en assumant personnellement la responsabilité des engagements de la Société. — De l'autre, ils doivent servir d'intermédiaires pour la sage et utile répartition des crédits nécessaires au commerce, à l'industrie et à l'agriculture.

Cette double mission des délégués n'est pas cependant aussi périlleuse qu'elle paraît l'être de prime-abord.

Comme membres de l'administration de la Société, ils doivent être au courant de toutes ses ressources ainsi que de toutes ses charges. La confiance qu'ils doivent avoir et montrer envers la Société, en endossant ses billets, n'est point une confiance aveugle. Elle est fondée sur la certitude que la Société ne s'expose pas à des dangers qui puissent compromettre sa sécurité et la fortune de ses co-obligés.

Comme intermédiaires entre les Cercles particuliers et l'administration de la Société, si, en endossant les obligations des emprunteurs, ils assument une responsabilité éventuelle, les risques de cette responsabilité sont infiniment atténués par les garanties qui précèdent la leur. La solvabilité des emprunteurs et du membre qui a consenti le prêt, le gage, la responsabilité du détenteur du gage, et enfin la garantie donnée par le Cercle particulier dont le capital est entre les mains de l'administration, sont autant de sûretés qui précèdent la responsabilité des délégués et la rendent presque illusoire. — Les opérations habituelles des banquiers ne sont certainement pas toujours aussi sûres ni aussi avantageuses.

Si de l'office des délégués, on passe à parler de celui des membres de la Société, nous avons vu comment chacun d'eux peut retirer un avantage personnel et direct, soit en prenant l'initiative des opérations de la Société, soit en assumant la responsabilité de la valeur et de la conservation des gages donnés par les emprunteurs.

L'intervention des Cercles particuliers doit être gratuite. Ils n'agissent que pour compte de la Société générale. Deux sentiments contraires doivent, en se balançant, maintenir leurs délibérations dans la voie de la sagesse : l'un qui les pousserait, par faiblesse ou par une réciprocité mal entendue, à approuver des opérations douteuses de leurs membres, l'autre qui les rendrait trop difficiles dans la crainte de compromettre leur capital.

Les rapports journaliers et intimes qui s'établiront entre les membres d'un même Cercle, faciliteront l'établissement de comptes en participation pour les affaires importantes qui nécessitent des capitaux plus considérables que chacun des membres d'un Cercle ne voudrait ou ne pourrait y employer.

Les avantages personnels qui résulteraient de l'Association projetée pour ceux qui en feront partie ne sauraient être mis en doute. Mais lorsque ces avantages seraient moindres ou seraient inégalement sentis, l'institution elle-même, considérée comme un simple emploi de capitaux, serait encore assez avantageuse pour les membres qui ne se proposeraient pas d'y jouer un rôle actif. En effet, la nature de ses opérations et le mode d'y procéder éloignent toute probabilité de perte. Par contre, les bénéfices ne sauraient être douteux; car la différence établie entre le taux de l'intérêt que la Société paye à ses prêteurs et celui qu'elle reçoit de ses emprunteurs, élève le taux du revenu des fonds de l'institution, qui peuvent être employés presque en totalité.

Les frais du nouvel établissement ne devront absorber qu'une très-faible partie de ses revenus, ainsi qu'il sera déterminé par les statuts qui en fixeront la quotité.

Ainsi donc la nouvelle institution, considérée simplement comme un établissement de banque, offrirait à ses intéressés un emploi de fonds suffisamment avantageux. Mais ceux des associés qui assument dans les opérations de la Société un rôle actif, pourront en retirer des bénéfices personnels et directs.

Le principal but de l'Institution ne doit pas être cependant les profits plus ou moins grands que les intéressés peuvent en retirer. Il doit tendre à généraliser autant que possible et peu à peu l'accès du crédit nécessaire aux travailleurs, en multipliant les prêteurs et en donnant à chacun d'eux, par le fait de l'institution elle-même, une source inépuisable d'où ils puissent tirer les moyens de satisfaire aux besoins financiers du pays.

La nouvelle Société, dira-t-on, ne vient point en aide aux citoyens les plus nécessiteux ; car une des conditions qu'elle met à son concours veut que les emprunteurs donnent des garanties matérielles, et ceux qui peuvent les fournir ne sont pas les plus malheureux. Personne n'ignore que la répartition des capitaux par le crédit ressemble à la circulation du sang dans le corps humain, qui se transmet de veine en veine; toutes les branches de ce système contribuent à transmettre dans une juste proportion la vitalité partout. Ainsi, la facile rénovation du capital permettra aux chefs d'industrie de donner à leurs travaux une continuité qui profitera aux travailleurs les moins fortunés.

Toutefois, la Société nouvelle pourra consacrer une exception à la règle commune en faveur des ouvriers dont la moralité et la capacité lui seraient attestées. Les avances de fonds à faire à ces ouvriers devraient cependant être bornées à un maximum de 100 fr. par chaque ouvrier dépourvu des instruments de travail. Le remboursement de ces avances devrait suivre la même règle que celle fixée pour les autres prêts. Un membre, indépendamment de celui qui s'est mis en rapport direct avec l'ouvrier, devra garantir personnellement à la Société la rentrée des fonds ainsi prêtés. Hâtons-nous de dire que de semblables opérations n'auront lieu que très-rarement, car les ouvriers dignes de secours trouveront toujours auprès des chefs d'industrie l'appui qui leur est nécessaire.

Il y a une observation qu'on ne manquera pas de faire pour montrer l'inutilité ou l'insuffisance de l'institution projetée. On dira peut-être que, quel que soit le soin de l'Administration pour baisser le taux de l'intérêt de ses avances de fonds, les charges des emprunteurs seront encore trop lourdes si l'on considère les trois commissions que les statuts de la Société leur imposent. Cette observation a une grande portée. Certes, l'aide que la nouvelle institution doit apporter aux travailleurs est plus coûteuse que ne serait coûteux le loyer de l'argent. En effet, les trois commissions dont les membres de la Société feront leur profit personnel peuvent se monter dans certains cas à un pour cent du capital prêté pour trois mois; ce qui ferait 4 0/0 pour l'année. Ces 4 0/0 ajoutés aux 6 0/0, maximum du taux annuel de l'escompte des obligations des emprunteurs, constitueraient un intérêt de 10 0/0 par an. Il ne faut pas toutefois trop s'en effrayer. Tous les hommes d'expérience savent qu'il n'y a que les individus riches qui puissent emprunter des capitaux en ne payant qu'un petit intérêt. La plupart des travailleurs, obligés de faire garantir leur solvabilité, sont soumis à des charges qui augmentent le taux du loyer de l'argent qu'ils empruntent. Ces charges sont souvent arbitraires et excessives; quoiqu'ils s'y soumettent volontairement, ils se voient bien des fois retirer brusquement les crédits sur lesquels ils avaient fondé toute l'économie de leurs opérations.

L'institution projetée tendra à donner plus de fixité au crédit. La certitude de trouver, à des conditions déterminées d'avance, l'appui nécessaire, permettra aux travailleurs de toute espèce d'examiner et de discuter les bases des emprunts qu'ils peuvent faire en dehors de la Société dont il est ici question, et obtenir ainsi des conditions moins dures que celles qu'ils ont dû subir jusqu'à présent. D'ailleurs, si le nouvel établissement de crédit faisait des conditions trop dures aux emprunteurs, il se verrait obligé de rester dans l'inaction. Son intérêt même, bien entendu, l'engagera à se mettre à un niveau juste et équitable. Ainsi, par exemple, quand la politique de la France et de l'Europe sera redevenue calme et paisible, les échanges reprendront leur ancienne activité, le loyer de l'argent baissera; comme autrefois, la confiance publique rendra les capitaux abondants et faciles. Si alors la Société nouvelle pouvait se procurer de l'argent à un intérêt de 3 0/0 l'an, elle pourra escompter à 4 0/0 les obligations des emprunteurs. Les trois commissions attribuées aux membres actifs de la Société pourront être réduites, sans inconvénient, à 1/8 0/0 chacune. En ce cas, elles ne constitueraient plus qu'une charge de 1 1/2 0/0 l'an pour les emprunteurs. Ainsi, les trois commissions, réunies à l'intérêt du fonds, ne formeraient plus que 5 1/2 0/0 l'an.

Réduites ainsi, les charges des travailleurs ne seront point trop lourdes, et permettront de faciliter autant que possible le travail national. Les allures de la production seront aussi moins saccadées et plus égales, les cas de chomage seront de plus en plus rares, car on pourra produire toujours, sans attendre les époques de consommation.

Tout le monde sait que la hausse ou la baisse du

taux de l'intérêt de l'argent suit les phases de la demande et de l'offre des capitaux, et qu'il est impossible de lui donner une fixité qui nuirait à la liberté des transactions.

Il est une observation cependant que généralement on ne fait pas, et qui a une grande importance. Habituellement, on se réjouit de la baisse du taux de l'intérêt de l'argent comme d'un événement heureux pour le pays, et on s'afflige comme d'une calamité publique lorsque le taux de l'intérêt s'élève. On présume, dans le premier cas, que la masse des capitaux est réellement plus grande qu'elle ne l'était auparavant, et qu'elle s'amoindrit quand on voit s'élever le taux de leur loyer. Abondance ou rareté de capitaux sont souvent des paroles de convention, et relatives à la facilité plus ou moins grande de faire un emploi de l'argent avantageux et sûr. L'argent paraît souvent abondant lorsque le travail national languit, et rare quand le travail reprend son activité; de manière que la généralité des travailleurs souffre quelquefois, quand les capitaux paraissent plus abondants.

Il ne faut donc pas se préoccuper outre mesure du taux de l'intérêt de l'argent. Ce qui est indispensable à la masse des travailleurs, c'est d'avoir la certitude d'obtenir les capitaux nécessaires, et de les obtenir constamment. La différence qui résulte, sur le prix de production, du taux plus ou moins élevé du loyer des capitaux, est tout à fait insignifiante.

L'institution projetée assurera la transmission facile des capitaux aux travailleurs. Tout travail utile pourra désormais trouver l'appui qui lui est indispensable;

toute entreprise dangereuse ou parasite, livrée à ses propres forces, ne pourra pas prendre de funestes développements.

La Société des Cercles financiers pourra donc rendre de grands services au pays. Elle amoindrira la création du papier de circulation, émis en l'absence de tout contrôle, et établira une source constante et inépuisable de crédit pour le travail productif, en empêchant, par la seule force de son inertie, les mauvaises entreprises, dont les funestes résultats frappent au loin, par ricochet, et entretiennent la méfiance, si nuisible aux travailleurs.

STATUTS PROVISOIRES
DE LA SOCIÉTÉ PROJETÉE.

CHAPITRE PREMIER.

ÉNONCIATION.

1° Une institution générale de crédit sera établie en France.

2° Le siége de son administration sera à Paris. Ses opérations s'étendront sur tous les points de France, et pourront même plus tard s'étendre sur les pays limitrophes.

3° Elle sera formée par le concours de tous les citoyens honnêtes possédant quelque fortune, n'importe quelle soit leur profession ou leur position individuelle.

4° La réunion volontaire de tous ces citoyens constituera une Société.

5° Cette Société sera anonyme.

6° Elle s'appellera : *Société générale des Cercles financiers.*

7° Son capital sera de 50 millions au moins, et pourra s'élever indéfiniment.

8° Sa durée sera de vingt ans au moins. et pourra se prolonger indéfiniment.

9° Son but sera de faire des avances de fonds :

1° Aux propriétaires, sur garanties hypothécaires.

2° Aux capitalistes, banquiers, rentiers, négociants, fabricants, sur dépôt de fonds publics français ou étrangers, d'effets de crédit public ou privé, de matière d'or ou d'argent, de toutes espèces de marchandises brutes ou fabriquées, de lettres de voiture ou de connaissements endossés, ou de certificats de marchandises déposées dans des magasins ou entrepôts publics.

3° Aux artistes, agriculteurs et ouvriers, tant sur dépôt des produits de leurs ouvrages ou de leurs travaux, qu'en vertu d'un double certificat de moralité et d'aptitude dont des règlements détermineront la forme et les conditions.

CHAPITRE II.

DE LA FORMATION DE LA SOCIÉTÉ.

1° La Société sera formée par des adhésions collectives de vingt individus.

2° Ces vingt individus adhérant à la constitution de la Société, formeront un Cercle particulier.

3° Chacun des vingt membres d'un Cercle particulier doit avoir son domicile dans la même ville ou dans le même arrondissement, si le siége du Cercle est à la campagne.

4° Tout individu, quelle que soit sa profession, peut être membre de la Société, pourvu qu'il soit honnête homme, jouisse d'une réputation sans tache et fasse honneur à ses engagements.

5° Une Société commerciale, soit en nom collectif, soit en commandite, peut également faire partie d'un

Cercle; mais elle doit être représentée par un seul de ses chefs.

6° Un Cercle financier doit être composé de vingt membres ayant entre eux des rapports d'affaires ou d'amitié, et se connaissant bien les uns les autres. Autant que possible, les vingt membres devraient avoir des professions diverses, pour que chacun pût apporter à la réunion des aptitudes différentes, et concourir ainsi, chacun dans sa sphère de connaissances, à l'avantage du Cercle lui-même et de la Société des Cercles financiers.

7° Pour qu'un Cercle particulier soit constitué, il faut :

1° Que le nombre de vingt membres soit complet;

2° Que ces vingt membres aient fixé le siége du cercle au domicile de l'un d'eux;

3° Qu'ils aient nommé cinq des leurs pour former le bureau qui doit présider à leurs délibérations.

8° Le bureau d'un Cercle doit être composé : 1° d'un président; 2° d'un vice-président; 3° d'un trésorier; 4° d'un secrétaire; 5° d'un sous-secrétaire. Toutes ces nominations sont valables pour un an. Les élus sont rééligibles

9° Le président ou le vice-président dirige les discussions du Cercle et constate, par sa signature au procès-verbal, les délibérations prises. Le trésorier est dépositaire de l'argent disponible et des valeurs de toute espèce qui appartiennent au Cercle. Le secrétaire rédige et signe les procès-verbaux des séances, entretient la correspondance et surveille la comptabilité du Cercle.

Le sous-secrétaire aide le secrétaire dans toutes ses attributions, et le remplace au besoin.

10° Toute délibération d'un Cercle, pour être valable, doit constater la présence de neuf membres au moins.

11° Aussitôt qu'un Cercle particulier sera constitué, il nommera, à la majorité des voix de ses membres, un délégué auprès de l'administration centrale de la Société.

12° Le délégué doit être membre de la Société, et à ce titre faire partie d'un Cercle quelconque. Il doit avoir son domicile à Paris, et être choisi de préférence parmi les chefs des principales maisons de banque ou de commerce de la capitale. Il peut également appartenir à la classe des principaux capitalistes, rentiers ou propriétaires, pourvu qu'il soit notoirement riche. Il garantit personnellement à la Société générale toutes les opérations du Cercle qu'il représente, et peut être à la fois délégué de plusieurs Cercles particuliers.

13° Les fonctions des membres du bureau des Cercles particuliers sont gratuites. Celui des membres chez lequel les réunions auront lieu, aura droit à une indemnité annuelle pour l'éclairage et le chauffage. Cette indemnité sera égale pour tous les Cercles, et déterminée ultérieurement. Les fonctions des délégués sont également gratuites ; cependant, en raison de la garantie qu'ils donnent pour toutes les opérations des Cercles dont ils sont les représentants, ils auront droit à une commission proportionnelle de 1/4 0/0 pour chacune des garanties qu'ils donnent.

14° Chaque Cercle particulier aura un numéro d'ordre qu'il recevra au moment de son admission dans la Société générale des Cercles financiers.

15° Les rapports entre les Cercles et l'administration auront toujours lieu par l'entremise des délégués.

16° Toute demande faite par un Cercle particulier tendante à être annexé à la Société générale, doit être adressée par l'entremise du délégué choisi à l'administration centrale de la Société, qui prononcera à la majorité des voix sur son admission. Provisoirement, et jusqu'à ce que la Société soit définitivement constituée, toute demande de ce genre doit être adressée à M. le ministre des finances.

17° M. le ministre des finances réunira toutes ces demandes, et quand il sera constaté qu'elles atteignent le nombre de cent, il réunira tous les délégués choisis par les différents Cercles, et constituera définitivement la Société.

18° Tous les délégués réunis formeront l'administration de la Société. Ils réviseront les statuts, et, tout en conservant les principales bases, ils pourront introduire dans les détails tel changement qu'ils jugeront utile. Cette révision doit avoir lieu dans les quinze jours qui suivent la date de la première réunion des délégués. Les changements, pour devenir définitifs, doivent préalablement être soumis à l'approbation de tous les Cercles particuliers.

19° L'administration votera séparément sur l'admission de chaque Cercle particulier. Si tous les Cercles sont admis à faire partie de la Société, les opérations pourront commencer immédiatement. Si l'admission d'un ou de plusieurs Cercles est rejetée, la constitution de la Société sera suspendue jusqu'à ce que le nombre de cent Cercles soit complété.

20° Lorsque la Société sera définitivement constituée, de nouvelles demandes d'admission pourront encore être faites de la part de nouveaux Cercles particuliers qui se formeront. Mais pour que l'admission leur soit accordée, ils devront payer comptant une *bonne entrée* équivalente, savoir : si la demande a lieu après la constitution définitive de la Société, à 2 1/2 0/0 des fonds qu'ils apportent, un an après à 5 0/0, deux ans après à 7 1/2 0/0, trois ans après à 10 0/0, et ainsi de suite, en augmentant de 2 1/2 0/0 par chaque année. Ces sommes payées à titre de *bonne entrée* augmenteront le capital de garantie de la Société, et profiteront ainsi également à tous les Cercles particuliers.

CHAPITRE III.

DU CAPITAL DE LA SOCIÉTÉ ET DE SON EMPLOI.

1° Le capital de la Société ne pourra pas être inférieur à 50 millions de francs, et pourra s'élever indéfiniment.

2° Il sera fourni par tous les Cercles particuliers, en raison de 500,000 fr. par chaque Cercle.

3° Les Cercles étant composés de vingt membres, ce sera donc une part contributive de 25,000 fr. que chacun des membres devra fournir.

4° Les versements du capital auront lieu de la manière suivante : Chaque Cercle versera 100,000 fr. un mois après la date de son admission dans la Société générale ; 100,000 fr. trois mois après cette même date. Les autres trois cinquièmes du capital à payer seront versés ainsi qu'il suit :

5,000 francs de rente 5 0/0 ou 3 0/0 français, transférés au nom de la Société générale des Cercles financiers, deux mois après le second versement.

5,000 francs de rente des mêmes fonds, deux mois après le troisième versement.

5,000 francs de rente des mêmes fonds, deux mois après le quatrième versement, de manière que le capital entier soit versé dans l'espace de neuf mois.

5° Au moment où chaque Cercle particulier fera la demande d'annexion à la Société générale, il devra verser comptant à la Caisse des dépôts et consignations, avec affectation spéciale, une somme de 5,000 francs pour sa part annuelle des frais de la Société, ainsi qu'il sera ultérieurement expliqué au chapitre spécial des frais.

6° La somme déposée pour les frais deviendra exigible par la Société du moment de sa constitution ou de l'admission du Cercle particulier qui en a fait le dépôt. Les Cercles qui ne seraient point admis pourront retirer les fonds déposés par eux à la Caisse des dépôts et consignations.

7° Chaque Cercle sera responsable de l'exactitude des versements de chacun de ses membres.

8° La Société aura le droit d'exiger un intérêt annuel de 6 0/0 l'an pour chaque jour de retard dans les versements. Si le retard dépassait un mois, par les soins de l'Administration il sera fait une première sommation de payer. Si cette sommation est infructueuse, il en sera fait une seconde quinze jours après la première. Quinze jours après cette seconde sommation, la Société aura le droit d'éliminer de l'association le Cercle retardataire. En ce cas, les fonds versés pour les frais, plus un tiers des sommes payées pour la formation du capital, appartiendront irrévocablement à la Société générale à titre d'indemnité. Les deux tiers des sommes versées pour le capital seront rendues au Cercle évincé, aussitôt qu'il sera remplacé par un nouveau Cercle. En attendant, il lui sera tenu compte d'un intérêt annuel de 4 0/0 desdits fonds.

9° Le capital fourni par chaque Cercle particulier, et concourant à former le capital social, servira de garantie pour les opérations du Cercle même envers la Société, et pour les engagements de l'institution envers les tiers.

10° La garantie collective donnée par chaque Cercle est indépendante de la responsabilité personnelle de ses membres pour les opérations dans lesquelles ils se seront engagés individuellement.

11° Les membres d'un Cercle, indépendamment des opérations où ils auront engagé leur responsabilité individuelle, ne courront aucun risque supérieur à leur mise de fonds dans la Société.

12° Cependant, si par suite de pertes causées à un Cercle particulier par un ou plusieurs de ses membres, sa mise de fonds se trouvait plus ou moins ébréchée, ledit Cercle sera, par l'Administration centrale, mis en demeure de compléter son capital. Sur son refus, il pourra être remplacé par un nouveau Cercle. La Société procédera à la liquidation de son compte, et lui payera, après apuration, les fonds qui resteront disponibles.

13° En cas d'insuffisance du capital d'un Cercle particulier, son délégué devra payer comptant à la Société générale le surplus de la perte que le Cercle aura causée.

14° La Société n'abandonnera jamais ses droits contre les membres d'un Cercle obligés personnellement, ni contre les co-obligés étrangers à la Société.

15° Le capital social, dont les trois cinquièmes demeurent employés en rentes françaises, ne pourra être exposé à aucune chance aléatoire dans des opérations autres que celles qui sont déterminées par les présents statuts.

16° Le capital sera divisé en autant de séries qu'il y aura de Cercles. Chaque série aura un compte ouvert dans un livre spécial, et contiendra vingt subdivisions énonçant les noms des membres des Cercles.

17° Ces membres recevront chacun un certificat d'inscription émané de l'administration centrale, dans la forme qui sera ultérieurement déterminée.

18° La mise de fonds des Cercles particuliers sera acquise à la Société pour tout le temps de sa durée. *Elle sera insaisissable par des tiers.*

19° Cependant chaque membre pourra transférer sa quote-part à une tierce personne, pourvu que celle-ci soit agréée par le Cercle dont il fait partie. — Pour que le transfert ait lieu de la part de l'administration centrale, il faut que l'agrément du Cercle particulier, dont un membre désire la mutation, soit attesté par un certificat signé par le président et le secrétaire du Cercle.

20° La majorité d'un Cercle aura également la faculté d'inviter un ou plusieurs de ses membres à se démettre de leur qualité. — En ce cas, les membres sortants auront droit, de la part de leurs collègues, au remboursement intégral et comptant de leur quote-part. — L'administration centrale jugera s'il y a lieu de leur tenir compte d'une plus value, et arbitrera ce supplément de prix, que le Cercle payera également comptant aux membres démissionnaires.

21° Les membres démissionnaires d'un Cercle devront être remplacés par un nombre égal de nouveaux membres. Tant que leur nombre ne sera pas complété, le Cercle ne pourra se livrer à aucune nouvelle opération.

CHAPITRE IV.

DE L'ADMINISTRATION DE LA SOCIÉTÉ.

1° L'administration de la Société sera composée de la réunion de tous les délégués des Cercles particuliers, et formera un grand Cercle central.

2° Son siége sera à Paris, dans un local qui sera ultérieurement déterminé.

3° Aussitôt que la Société sera constituée, les délégués réunis nommeront le bureau de l'administration à la majorité des voix des membres présents et au scrutin secret.

4° Chaque délégué aura autant de voix que le nombre des Cercles qu'il représente.

5° Le bureau de l'administration sera composé :

1° D'un Président; 2° d'un Vice-Président; 3° d'un Trésorier; 4° d'un Secrétaire; 5° d'un Sous-Secrétaire; 6° de deux Conseillers.

6° Les membres du bureau sont élus pour un an. Ils sont rééligibles.

7° Le président ou, en son absence, le vice-président distribue les travaux, fixe l'ordre du jour, dirige les discussions, et sanctionne par sa signature les délibérations de l'administration. — Le trésorier prend la responsabilité de la garde de toutes les valeurs qui appartiennent à la Société, et fait les payements et les encaissements. Il aura un compte à la Banque de France spécial pour la Société, et délivrera sur sa seule signature tout mandat de payement. Mais il ne pourra transférer des valeurs publiques, ni endosser des valeurs commerciales, sans le concours de la signature du président ou du vice-président, et du secrétaire ou du sous-secrétaire. — Les fonctions de secrétaire et du sous-secrétaire consistent à rédiger les procès-verbaux des séances, en constater les délibérations et surveiller la comptabilité. — Les deux conseillers prendront part aux fonctions du bureau. Ils s'occuperont du recensement des votes, du dépouillement des scrutins, et remplaceront les membres du bureau absents. — L'un des deux conseillers sera chargé du rapport semestriel des opérations de la Société.

8° Aucune délibération de l'administration ne sera valable qu'autant que le tiers de ses membres y aura pris part, et que les voix exprimées atteindront au moins à la moitié du nombre total des Cercles.

9° Les délégués se partageront en plusieurs commissions de trois membres chacune pour l'examen de toutes les propositions faites, de tous les bordereaux présentés. — Ces commissions en feront un rapport sommaire à l'administration, qui délibérera. — Les auteurs des propositions, ou les présentateurs de bordereau ne feront point partie des commissions, mais seront consultés.

10° L'administration a tous pouvoirs pour gérer les affaires comme elle l'entend, pourvu qu'elle ne s'écarte point des bases posées par les statuts.

11° Si l'expérience démontrait la nécessité de modifier en quelques-unes de ses parties la constitution de la Société, chaque délégué devra consulter les Cercles particuliers qu'il représente. Ceux-ci exprimeront leur opinion sur la proposition faite en prenant une délibération à la majorité des voix — Cette délibération sera transmise au délégué, qui, à son tour, en fera part à l'administration. — Il sera fait par celle-ci, avec soin, le dénombrement des volontés exprimées par les différents Cercles, et on constatera le sens dans lequel se sera prononcée la majorité. — Toute délibération prise de la sorte, et homologuée par le conseil d'État, fera partie des statuts de la Société, et sera portée à la connaissance des tiers par des publications faites au greffe du tribunal de commerce, conformément à la loi.

12° L'administration, lorsqu'elle sera constituée, fixera, par des règlements intérieurs, le nombre et le mode de ses réunions, la police des séances, la manière de voter, et enfin tous les détails nécessaires à la régularité de ses actes.

CHAPITRE V.

DES OPÉRATIONS DE LA SOCIÉTÉ ET DU MODE DE PROCÉDER.

1° La Société générale des Cercles financiers n'est

point instituée dans le but exclusif de procurer des bénéfices à ses intéressés. Le but qu'elle doit se proposer est d'aider à la fixité du crédit par son concours intelligent et prompt à satisfaire les besoins du commerce, de l'industrie et de l'agriculture.

2° Son capital ne pourra pas être employé dans des opérations aléatoires faites pour son propre compte, et non prévues par les présents statuts.

3° La Société n'aura d'autres rapports d'affaires qu'avec les délégués, tant comme représentants des Cercles particuliers qu'individuellement.

4° Sont exceptés les cas où il lui conviendrait de poursuivre en justice des tiers co-obligés des Cercles particuliers envers la Société.

5° Les rapports des Cercles particuliers avec l'administration centrale auront toujours lieu par l'entremise des délégués.

6° Lorsqu'un individu quelconque aura besoin d'avances de fonds, il pourra s'adresser à un membre de la Société, en lui faisant connaître les garanties immobilières ou mobilières qu'il offre pour la sûreté du remboursement des fonds qu'il emprunte. — Le membre, avant de consentir, pourra s'assurer du concours de son Cercle, en lui faisant part à la première réunion, de la proposition qui lui a été faite. — Le Cercle, avant de se prononcer, commettra un autre de ses membres pour expertiser les garanties offertes. — Ce dernier examinera aussi promptement que possible s'il lui convient d'assumer personnellement la responsabilité de la valeur et de la conservation du gage. — Dans le cas affirmatif, le Cercle pourra adhérer et donner au membre prêteur l'appui de la Société. — L'emprunteur alors, tout en livrant au Cercle particulier la propriété temporaire du gage qu'il avait offert, devra s'engager à la restitution du prêt dans un espace de temps qui ne pourra pas être supérieur à trois mois. — Cet engagement devra être exprimé par un ou plusieurs billets à trois mois de date, payables à Paris, au domicile de la Société générale des Cercles financiers, à l'ordre du membre qui a consenti le prêt. Celui-ci endossera ces billets à l'ordre de son Cercle, le Cercle au délégué, et ce dernier à l'Administration centrale, qui les gardera en portefeuille jusqu'à l'échéance. — Le libellé de ces billets devra être uniforme pour tous les cas où la Société interviendra. — L'emprunteur devra en outre, après les mots : *Valeur reçue comptant*, écrire à la main sur ces billets les détails des garanties qu'il a données pour sûreté du remboursement de l'emprunt.

7° Le délégué aura la faculté de refuser un ou plusieurs de ces billets remis par le Cercle qu'il représente, en exprimant les motifs de son refus. — En ce cas, le Cercle pourra rétrocéder le billet refusé à celui de ses membres qui le lui avait endossé.

8° Le délégué n'usera que très-rarement de cette faculté, et alors seulement qu'après des avertissements réitérés, le Cercle particulier continuerait à appuyer des affaires trop dangereuses.

9° Le Cercle pourra appeler de la décision de son délégué à l'administration, en s'adressant à son président. L'administration jugera les motifs qui ont déterminé le délégué à refuser. Si elle les approuve, le Cercle devra s'y soumettre ; si l'Administration les improuve, le Cercle pourra retirer immédiatement son mandat au délégué, en le confiant soit à un autre membre de l'Administration, soit à une personne qui lui soit étrangère. Cependant l'admission d'un nouveau délégué dans l'administration de la Société doit être soumise à une délibération prise par l'Administration même à la majorité des voix, et par scrutin secret.

10° Aucune avance de fonds ne peut être faite que sur garanties matérielles, telles qu'inscriptions hypothécaires, transfert ou dépôt de fonds publics français ou étrangers, de valeurs de crédit public ou privé, d'effets de commerce payables en France ou à l'étranger, de marchandises brutes ou fabriquées, de lettres de voitures ou de connaissement, d'œuvres d'art, d'écrits scientifiques, enfin de toute chose quelconque susceptible d'avoir une valeur appréciable.

11° Sont exceptées les avances faites aux ouvriers pour leur fournir les instruments de travail. Ces avances ne pourront pas dépasser cent francs par chaque ouvrier.

12° Les avances faites aux ouvriers devront s'étayer d'un double certificat de moralité et d'aptitude, dont la forme et la teneur seront ultérieurement déterminées. Le remboursement de ces avances devra être garanti au Cercle particulier par le membre qui a consenti les prêts, et par un autre membre que le Cercle désigne.

13° Les engagements qui assurent la restitution des prêts faits aux ouvriers seront pareils à ceux de tout autre emprunteur, et suivront la même filière.

14° Le membre d'un Cercle qui prend l'initiative des opérations de la Société, en se mettant en rapport direct et immédiat avec les emprunteurs, aura droit à une commission de 1/4 0/0 sur le montant des avances faites. Celui qui assume la responsabilité de la valeur et de la conservation du gage, ou qui garantit la restitution du prêt fait à l'ouvrier, aura également droit à une commission dont la quotité sera fixée par le Cercle dont il fait partie. Cette commission ne pourra, en aucun cas, être supérieure à 1/2 0/0 de la somme qu'il garantit.

15° Ces deux commissions, ainsi que celle de 1/4 0/0 attribuée au délégué, seront déduites du montant des billets des emprunteurs, ensemble avec l'escompte desdits billets et les frais de timbre.

16° Le taux de l'escompte des billets des emprunteurs sera fixé mensuellement et uniformément pour tous les Cercles, par l'administration centrale. Il ne pourra pas être supérieur à 6 0/0 l'an.

17° La couverture de ces billets devra parvenir à l'administration cinq jours au moins avant leur échéance.

18° Cette couverture sera fournie par les souscripteurs des billets, soit en espèces, soit en effets sur Paris et par appoint. Si les effets remis ont une échéance plus éloignée que celle des billets qu'ils sont destinés à couvrir, l'escompte en sera calculé en raison de 5 0/0 l'an, valeur à l'échéance des billets ainsi couverts.

19° Si la couverture a lieu en espèces, elle peut être faite directement par les emprunteurs à l'Administration centrale, qui en donnera un reçu, valable pour la délivrance du gage. Si elle a lieu en bons effets sur Paris, ces effets doivent être endossés successivement au membre détenteur ou responsable du gage, à celui qui avait consenti le prêt, au Cercle particulier qui l'avait approuvé, au délégué de ce Cercle, et enfin à l'Administration.

20° En acceptant l'endossement de ces effets, le Cercle particulier autorise la délivrance du gage, si ce gage est mobilier. Il en opérera le transport, ou en fera le transfert si le gage consiste en une inscription hypothécaire, ou en titres au nom du Cercle lui-même.

21° Tout transport, transfert ou endossement d'un titre quelconque fait par un Cercle particulier devra, pour être valable, être signé du président, ou du vice-président, du trésorier et du secrétaire, ou du sous-secrétaire.

22° Si à l'échéance de ses billets un emprunteur n'est pas en mesure d'en opérer la couverture de ses deniers, le membre détenteur ou responsable du gage devra y pourvoir. Si l'emprunteur l'a autorisé à réaliser le gage, soit à des conditions déterminées, soit au mieux de ses intérêts, la vente du gage servira à procurer les fonds nécessaires.

23° En l'absence de toute instruction ou de toute faculté donnée par l'emprunteur, le détenteur ou répondant du gage ne pourra le réaliser sans avoir obtenu l'autorisation de son Cercle.

24° Toute réalisation d'un gage faite sans autorisation de l'emprunteur ou contrairement à ses instructions, ne sera passible d'aucune commission de vente au profit de celui qui l'a faite. Par contre, si le membre détenteur ou répondant du gage s'est conformé aux intentions expresses de l'emprunteur, il aura droit à une commission qui, en tout cas, ne pourra pas être supérieure à 2 0/0 du produit net de la vente. Le même membre aura toujours droit au remboursement des frais de conservation et d'entretien du gage, ainsi que de ceux de magasinage s'il y a lieu, et d'autres menues dépenses. La note de ces frais doit toujours être soumise à l'approbation du Cercle particulier qui a appuyé le prêt.

25° Toute avance de fonds peut être renouvelée au bout des trois mois, si l'emprunteur le désire. Ce renouvellement suivra la marche que suivrait une affaire nouvelle. Les nouveaux billets d'un emprunteur pourront servir à couvrir ceux qui arrivent à échéance, pourvu que tous les endosseurs des premiers billets consentent à endosser les nouveaux. L'administration centrale garde, cependant, toujours la faculté de refuser ce genre de couverture, si elle y apercevait des abus ou des dangers pour les intérêts de la Société générale.

26° Si le gage fourni par un emprunteur était réalisé en partie avant l'échéance des billets de celui-ci, le membre qui aura opéré cette vente devra immédiatement en employer le produit en bons effets sur Paris, qu'il endossera au collègue qui avait consenti le prêt, celui-ci à son Cercle, le Cercle à son délégué, et ce dernier à l'Administration. Si la vente du gage produit une somme supérieure aux billets à couvrir, l'excédant pourra être remis à l'emprunteur immédiatement après que la couverture aura été acceptée par l'Administration.

27° Toute avance de fonds faite par l'Administration sera toujours représentée par le montant net des effets qui lui auront été cédés par les délégués. Ceux-ci auront un compte-courant avec leurs Cercles respectifs.

28° Ces comptes-courants seront réglés tous les trimestres; les intérêts en seront calculés en raison de 5 0/0 l'an.

29° Les frais de poste seront à la charge des délégués.

30° Les transports d'argent seront également pour leur compte, qu'il y ait bénéfice ou perte dans les remises qu'ils feront aux Cercles.

31° Les délégués n'auront droit à une commission que sur le montant des billets des emprunteurs qu'ils endossent. Ils ne pourront percevoir aucune commission sur le montant des effets remis en couverture desdits billets.

32° Les délégués pourront se mettre en avance de fonds avec les Cercles qu'ils représentent; mais les Cercles, à leur tour, auront le droit de refuser toute remise d'espèces ou d'effets à courte échéance qui leur imposerait la charge d'intérêts à payer au délégué.

33° En échange des billets des emprunteurs endossés par leurs membres, les Cercles particuliers pourront, sous escompte, céder les remises à longue échéance qui leur ont été faites par leurs délégués respectifs, ou autoriser leurs membres susdits à tracer des mandats sur Paris, à la charge des délégués, pourvu que ces mandats soient négociables sans perte.

34° Les Cercles particuliers pourront avoir un compte-courant avec chacun de leurs membres; ces comptes seront réglés aux mêmes époques que les comptes des délégués, et les intérêts seront calculés également en raison de 5 0/0 l'an.

35° Ainsi qu'il a été dit, la Société générale des Cercles financiers fait des avances de fonds aux délégués, les délégués aux Cercles qu'ils représentent, les Cercles particuliers à leurs membres respectifs, ces derniers à tout individu qui en fait la demande en offrant les garanties indiquées dans les premiers articles.

36° Pour que la Société soit en mesure d'obtempérer à toutes les demandes d'argent qui peuvent lui être faites, il faut qu'ellè puise des ressources dans son crédit au fur et à mesure qu'il se présente des besoins à satisfaire.

37° La Société aura la faculté d'émettre des billets à ordre.

38° L'émission des billets de la Société ne peut avoir lieu qu'en vertu d'une délibération spéciale de l'Administration, qui déterminera le montant de la somme à émettre et son échéance.

39° Le montant de la somme fixée sera divisé en autant de parties qu'il y a de Cercles particuliers composant la Société.

40° Chaque délégué devra recevoir de l'Administration centrale et lui payer comptant autant de parties de la somme émise que le nombre des Cercles qu'il représente.

41° Les billets de la Société seront à l'ordre des différents délégués. Ceux-ci pourront les négocier à leur convenance et pour leur propre compte.

42° L'échéance des billets de la Société sera la même pour tous ceux faisant partie d'une même émission ; cette échéance sera réglée de manière qu'elle soit postérieure aux rentrées probables.

43° L'Administration déterminera, au moment de

l'émission de ces billets, le taux auquel ils devront uniformément être escomptés par les délégués. Ce taux sera toujours le moins élevé possible. En tout cas, il doit être inférieur de 1 0/0 du taux auquel la Société elle-même escompte les billets des emprunteurs.

44° Les billets à ordre émis par la Société seront affranchis du timbre ; une demande à cet effet sera soumise au pouvoir législatif.

45° Ces billets devront être munis de la signature du président ou du vice-président, du trésorier et du directeur de la comptabilité, dont il sera parlé dans le chapitre suivant.

46° Quel que soit le soin de l'administration de n'émettre des billets à ordre qu'en proportion des besoins, il pourra lui arriver d'avoir quelquefois des fonds inoccupés en caisse ; en ce cas, l'administration aura la faculté d'employer temporairement ces fonds en avances sur dépôt de rentes françaises ou d'actions de la Banque de France, avec transfert au nom de la Société, de lettres de change sur France ou sur l'étranger, munies de trois bonnes signatures et endossées en blanc. Ces avances temporaires ne pourront être faites qu'aux délégués, qui, en recevant ces fonds, s'obligeront à les réintégrer dans la caisse du trésorier général à une époque déterminée, en tenant compte à la Société d'un intérêt convenu des fonds dont ils ont temporairement la jouissance.

CHAPITRE V.

DE LA COMPTABILITÉ DE LA SOCIÉTÉ ET DE SA DIRECTION.

1° La comptabilité centrale de la Société résumera

toutes les opérations de l'administration, ainsi que celles des Cercles particuliers.

2° Elle sera tenue en partie double.

3° Chaque Cercle aura également sa comptabilité particulière, tenue en partie double, qui constatera ses opérations avec son délégué et avec chacun de ses membres.

4° A côté de la comptabilité officielle, tenue par chaque Cercle et par l'administration centrale, il y aura une comptabilité que nous appellerons comptabilité des matières, laquelle devra servir à constater la quantité et la nature des garanties données par les emprunteurs. Les Cercles particuliers tiendront avec soin, en ce qui les concerne, cette comptabilité des matières, qui sera résumée par l'administration centrale, soit par les données fournies par les Cercles eux-mêmes, soit par le relevé du contenu des billets des emprunteurs escomptés par la Société.

5° Cette comptabilité des matières formera des statistiques utiles au gouvernement pour connaître les besoins du pays, le trop plein de la production, et les dispositions à prendre pour en assurer l'écoulement, soit en en facilitant l'exportation par des échanges avec l'étranger, soit en arrêtant, par des lois sages et prévoyantes, l'importation de produits similaires de l'étranger.

6° Tous les mois, l'Administration centrale de la Société fera publier un bilan de ses opérations, ainsi qu'un tableau statistique de la quantité et de la nature des garanties qui ont servi de base aux opérations de la Société générale.

7° La comptabilité officielle, ainsi que la comptabilité des matières, sera confiée aux soins d'un directeur général.

8° Le directeur général de la comptabilité sera nommé par le Président de la République, sur la présentation du ministre des finances, qui prendra préalablement l'avis de l'administration de la Société.

9° Le directeur général de la Société déposera un cautionnement de cent mille francs à la Caisse des dépôts et consignations.

10° Il nommera un sous-directeur fondé de pouvoir, un secrétaire général, et tous les employés nécessaires à la bonne gestion de la comptabilité centrale. Il pourra également révoquer ces employés toutes les fois qu''il le jugera convenable.

11° Chaque Cercle particulier aura un agent comptable nommé par le directeur général, sur la proposition du Cercle même.

12° Le directeur entretiendra constamment, par des instructions précises, une parfaite uniformité dans la comptabilité de tous les Cercles.

13° Il pourra, toutes les fois qu'il le jugera utile, faire inspecter la comptabilité des Cercles financiers. La personne qui en sera chargée devra être munie d'un pouvoir régulier émané du directeur.

14° Le directeur général règlera les appointements de tous les employés, tant de l'administration centrale que des agents comptables de tous les Cercles particuliers.

15° Les appointements des agents comptables seront les mêmes pour tous.

16° Le directeur réglera tous les frais généraux de

loyer, de chauffage et d'éclairage, de fournitures de bureau et autres, tant de l'administration centrale que de tous les Cercles particuliers. Il pourra, s'il le juge convenable, faire des marchés à forfait avec les agents comptables pour les frais des Cercles auprès desquels ceux-ci sont employés.

17° La limitation des dépenses étant une des premières raisons de succès pour l'institution, celles de la Société seront fixées d'avance ; le directeur s'en chargera à forfait.

18° Chaque Cercle contribuera également pour sa part aux frais généraux. Cette part est fixée, dès à présent, à 5,000 fr. par an pour chaque Cercle, c'est-à-dire à 1 0/0 du capital.

19° Les 5,000 fr. que chaque Cercle doit payer pour les frais seront versés d'avance, tous les ans, aux mains du directeur.

20° Le directeur général qui voudrait renoncer à son emploi pourra présenter son successeur au choix du ministre des finances et du Président de la République.

21° En cas d'absence temporaire du directeur ou de maladie, le sous-directeur, son fondé de pouvoir, le remplacera et pourvoira à tous les besoins du service.

22° Le directeur général de la comptabilité peut être révoqué de ses fonctions en cas de négligence, d'inconduite ou de malversation, sans préjudice des peines qu'il aura encourues par ses actes.

23° Le directeur, le sous-directeur ainsi que le secrétaire général, pourront assister aux réunions des délégués ; mais avec voix consultative seulement. De même, les agents comptables pourront assister aux réunions de leurs Cercles respectifs. Les uns et les autres se tiendront prêts à fournir les renseignements nécessaires

CHAPITRE VII.

DES BÉNÉFICES DE LA SOCIÉTÉ ET DE LEUR RÉPARTITION.

1° Les bénéfices de la Société se composeront du solde du compte des intérêts et escomptes, et des arrérages des rentes, sous déduction des pertes éventuelles qui pourraient survenir.

2° Tous les six mois, l'administration fera dresser un bilan général de la situation de la Société. Un des deux conseillers fera un rapport sur la marche des affaires du semestre échu; ces deux documents seront imprimés et envoyés à tous les Cercles particuliers.

3° L'époque où le premier bilan semestriel sera dressé sera fixée par l'administration centrale ultérieurement.

4° Les bénéfices nets qui résulteront, jusqu'à concurrence de 3 0/0 du capital, seront répartis semestriellement entre tous les Cercles par l'intermédiaire des délégués respectifs.

5° Le surplus des bénéfices, s'il y en a, sera porté tous les semestres à un compte spécial intitulé *compte de la réserve.*

6° La réserve concourra avec le capital à la garantie des opérations de la Société.

7° Tous les deux ans, il sera statué par l'administration sur l'emploi particulier de la réserve. Cet emploi ne sera pas astreint aux règles fixées pour le capital.

8° La réserve pourra être employée à commanditer

de nouvelles sociétés d'assurances, des entreprises financières, commerciales, industrielles ou agricoles, des sociétés ouvrières et même des entreprises particulières.

9° L'examen de ces différents emplois de la réserve sera confié à une commission de neuf membres de l'administration ; cette commission examinera les propositions faites, en débattra les conditions. Sur le rapport de cette commission, l'administration prendra une délibération.

10° La durée de ces emplois de la réserve sera fixée de manière qu'elle ne dépasse pas la durée de la Société.

11° L'Administration pourra faire surveiller les opérations ou les sociétés qu'elle commandite, par un ou plusieurs de ses mandataires.

12° L'Administration choisira ces mandataires sur la présentation qui en sera faite par le directeur général de la comptabilité. Les employés de la comptabilité générale et les agents comptables des différents Cercles seront choisis de préférence à des individus étrangers à la Société.

13° Les mandataires de la Société auront un intérêt proportionnel dans les bénéfices des entreprises qu'ils surveilleront. La commission qui réglera les conditions de la commandite, fixera également la quotité de l'intérêt des mandataires et leurs appointements.

CHAPITRE VIII.

DES PERTES DE LA SOCIÉTÉ.

1° La Société générale des Cercles financiers ne doit pas être soumise à des chances de perte.

2° Cependant, si, malgré toutes les précautions prises, la Société devait subir des pertes, les fonds de la réserve non spécialement employés seront affectés à couvrir les premières pertes de la Société.

3° En cas d'insuffisance des fonds disponibles de la réserve, on suspendra toute répartition de dividendes.

4° Si des pertes réitérées réduisaient le capital d'un quart, la Société serait dissoute de droit.

5° On procédera immédiatement à sa liquidation, et l'actif de la Société sera réparti entre tous les ayant-droit au fur et à mesure qu'il y aura des parties disponibles.

CHAPITRE IX.

DU CONTENTIEUX.

1° Lorsque des contestations s'élèveront entre deux ou plusieurs membres d'un Cercle, leurs collègues du même Cercle jugeront, en qualité d'arbitres et à la majorité des voix, le différend, après avoir entendu les parties dans leurs explications respectives.

2° Lorsque des contestations s'élèveront entre deux ou plusieurs membres de différents Cercles, l'arbitrage en sera déféré à un Cercle voisin choisi d'accord.

3° Les décisions des Cercles particuliers peuvent être contestées par la partie qui succombe. En ce cas, l'administration centrale de la Société doit être appelée à prononcer.

4° Ces dispositions, en quelque sorte disciplinaires, n'ont pour but que d'éviter les longueurs et les formalités de la justice ordinaire.

5° La Société étant commerciale et le siége de son

administration étant à Paris, le tribunal de commerce de la Seine est le seul compétent pour le jugement de tous les différends qui pourraient survenir entre l'Administration centrale et les Cercles particuliers ou les membres de la Société, ou pour la nomination d'arbitres juges, lorsque le différend porte sur des questions de droit entre associés.

6° Pour les poursuites contre des tiers étrangers à la Société, on suivra la procédure ordinaire. Tous pouvoirs sont donnés au président de l'Administration, qui délèguera tel individu qui lui plaira pour ester en jugement au nom de la Société.

7° Un Conseil du contentieux sera nommé par l'Administration de la Société. La composition de ce conseil sera ultérieurement déterminée.

8° Chacun de ses membres donnera ses avis et prêtera ses bons offices gratuitement. Cependant chacun d'eux aura droit à des honoraires, toutes les fois qu'il prêtera son ministère pour une affaire déterminée.

9° Les frais du contentieux seront portés dans un compte spécial. Le solde de ce compte sera porté en déduction des bénéfices semestriels.

CHAPITRE X.

DISPOSITIONS GÉNÉRALES.

1° En cas de faillite ou de mort d'un membre du bureau de l'Administration, ou d'un Cercle particulier, il devra être remplacé aussitôt que possible par la nomination d'un autre membre, dans les cinq jours qui suivent la date de sa faillite ou de son décès.

2° En cas de faillite ou de mort d'un membre de la Société, ses héritiers ou ayant droit devront se faire représenter par un seul mandataire commun.

3° Le mandataire des héritiers d'un membre décédé ou des créanciers d'un failli, ne pourra faire aucune opération nouvelle avec le Cercle dont était membre le défaillant.

4° Pour devenir membre de la Société, il faut qu'il en obtienne l'agrément du Cercle particulier. Il peut présenter au Cercle un successeur du membre failli ou mort.

5° Six mois avant le terme fixé pour la Société doit commencer sa liquidation : aussi doit-elle s'interdire toute opération nouvelle désormais.

6° Si la liquidation n'était pas terminée au terme fixé, il sera nommé par l'Administration une commission de trois membres, à qui on donnera pleins pouvoirs pour mener à bonne fin la liquidation de la Société.

7° Si la durée de la Société devait être prolongée au-delà du terme fixé, il faut que le vote qui déterminera cette prolongation de durée ait lieu au plus tard deux ans avant le terme même.

www.ingramcontent.com/pod-product-compliance
Ingram Content Group UK Ltd.
Pitfield, Milton Keynes, MK11 3LW, UK
UKHW031950260826
14628UKWH00004B/1967

9 782019 655259